Gabinete de prensa 3.0: estrategias de relaciones públicas en la era de la cancelación digital

I0466062

PRESENTACIÓN

Bienvenido a un viaje transformador a través del dinámico y desafiante mundo de las relaciones públicas digitales. A medida que se aventure a través de las páginas de este libro, profundizará en una fuente invaluable de estrategias prácticas, conocimientos profundos y orientación personalizada para navegar con éxito en el entorno digital contemporáneo.

Este libro es una brújula para los profesionales de relaciones públicas, marcas y figuras públicas que buscan no sólo sobrevivir, sino también prosperar en medio de las turbulentas olas de la cancelación digital y la constante evolución de la Web 3.0. A través de una combinación única de teoría actualizada y aplicaciones prácticas, le ofrecemos una guía completa para construir, administrar y proteger su reputación en línea.

Desde la prevención y gestión de crisis hasta el establecimiento de una presencia digital auténtica y confiable, este libro cubre todos los aspectos cruciales que necesita saber para destacar en el panorama digital actual. Aprenderás no sólo a afrontar desafíos, sino a transformarlos en oportunidades para fortalecer tu marca y tu voz en el mundo digital.

Cada capítulo de este libro ha sido cuidadosamente elaborado para complementarse entre sí, ofreciendo una progresión lógica y atractiva a través de los distintos temas. Comenzaremos con una " **INTRODUCCIÓN A LA OFICINA DE PRENSA 3.0** ", donde exploraremos la evolución de las relaciones públicas en la era digital y el concepto emergente de cancelación digital. Este capítulo servirá como base para todos los conocimientos que construirás a lo largo del libro.

A medida que avancemos, cada capítulo no solo profundizará en áreas específicas como la gestión de la reputación en línea, las estrategias proactivas de relaciones públicas, el monitoreo de medios digitales y más, sino que también lo invitará a explorar el siguiente capítulo mientras continúa su viaje de aprendizaje. continuo e integrado.

Este no es sólo un libro; es un socio en su crecimiento y éxito en el entorno digital. Al compartir mis ideas y síntesis del conocimiento más actual, espero facilitar su viaje, permitiéndole no solo adaptarse, sino también liderar a la vanguardia de las relaciones públicas digitales.

Prepárate para transformar tu forma de ver e interactuar con el mundo digital. Descubramos juntos los secretos para construir una reputación online inquebrantable, gestionar las crisis con maestría y aprovechar las oportunidades que ofrece la era digital.

Bienvenido al futuro de las relaciones públicas. Bienvenidos a "**Gabinete de prensa 3.0: estrategias de relaciones públicas en la era de la cancelación digital**". El viaje comienza ahora.

Tuyo sinceramente

Reginaldo Osnildo

INTRODUCCIÓN A LA OFICINA DE PRENSA 3.0

Al ingresar al mundo de las Relaciones con la Prensa 3.0, es crucial comprender que el panorama digital en el que navegamos hoy no es solo una evolución tecnológica, sino una transformación completa en la forma en que las marcas y figuras públicas se comunican con sus audiencias. Este capítulo ofrece una visión general de la trayectoria de las relaciones públicas (PR) en la era digital, enfatizando el fenómeno emergente de la cancelación digital y cómo redefine las estrategias de relaciones públicas.

LA EVOLUCIÓN DE LAS RELACIONES PÚBLICAS EN LA ERA DIGITAL

Las relaciones públicas, como saben, tienen sus raíces profundamente arraigadas en la historia de la comunicación humana. Sin embargo, el auge de Internet y las redes sociales ha transformado radicalmente el campo de las relaciones públicas. Hoy vivimos en la era de la Oficina de Prensa 3.0, donde la velocidad, la interactividad y la ubicuidad de la comunicación digital han remodelado la forma en que las marcas interactúan con sus audiencias.

La era digital trajo consigo un nuevo paradigma: la democratización de la información. Como resultado, las marcas y figuras públicas se encontraron ante el desafío y la oportunidad de comunicarse directamente con su audiencia, sin intermediarios. Este escenario no sólo implica una mayor proximidad y autenticidad en la comunicación, sino que también expone a las marcas a un escrutinio público más intenso e inmediato.

LA APARICIÓN DE LA CANCELACIÓN DIGITAL

En el centro de esta transformación está el concepto de "cancelación digital". Este fenómeno, caracterizado por una rápida y amplia movilización contra personas u organizaciones en respuesta a acciones consideradas ofensivas o inapropiadas, es uno de los mayores desafíos que enfrenta la era de la Oficina de Prensa 3.0.

la suscripción digital puede tener impactos devastadores en la reputación en línea de una marca o personalidad pública, a menudo con consecuencias financieras y sociales de gran alcance. Por tanto, comprender este fenómeno es el primer paso para desarrollar estrategias eficaces de gestión de crisis y reputación online.

ADAPTACIÓN A LA NUEVA REALIDAD

Para navegar con éxito en este entorno, es esencial adaptar las estrategias tradicionales de relaciones públicas al contexto digital. Esto significa adoptar un enfoque más dinámico e interactivo, donde la escucha activa y la respuesta rápida se conviertan en componentes esenciales de la gestión de la reputación.

Además, la Oficina de Prensa 3.0 requiere un conocimiento profundo de las plataformas digitales y las herramientas de análisis de datos. Estas tecnologías le permiten no sólo monitorear la presencia en línea y el sentimiento hacia la marca, sino también identificar oportunidades para una interacción proactiva y personalizada con el público.

A medida que avance en este libro, estará equipado con las herramientas, estrategias y conocimientos que necesita para enfrentar los desafíos de la cancelación de la suscripción digital y construir una reputación en línea sólida y resiliente. El próximo capítulo, " **ENTENDIENDO LA CANCELACIÓN DIGITAL** ", profundizará en este concepto, explorando sus causas, impactos y, lo más importante, cómo prepararse para prevenir o responder a este tipo de crisis.

Ya sea que recién esté comenzando su viaje en relaciones públicas o esté buscando mejorar sus estrategias existentes para el entorno digital, este libro es su guía esencial para las Relaciones Públicas 3.0. Los invito a continuar el viaje con nosotros mientras juntos descubrimos los secretos para prosperar en la era de la cancelación digital.

ENTENDIENDO LA CANCELACIÓN DIGITAL

El fenómeno de la cancelación digital, una realidad cada vez más presente en el escenario de las relaciones públicas digitales, representa uno de los mayores desafíos para marcas, personajes públicos y profesionales del sector. En este capítulo profundizaremos en el concepto de cancelación digital, entendiendo sus matices, impactos y, sobre todo, cómo prepararse y responder ante estas situaciones tan delicadas.

¿QUÉ ES LA CANCELACIÓN DIGITAL?

La cancelación digital se refiere a la práctica de boicotear a personas, marcas o empresas tras la publicación de comportamientos, comentarios o acciones consideradas ofensivas o inapropiadas. Este fenómeno se ve amplificado por la velocidad y el alcance de las redes sociales, lo que permite que las campañas de cancelación ganen impulso rápidamente y, a menudo, con consecuencias significativas para los involucrados.

La cancelación puede surgir de una variedad de situaciones, desde declaraciones controvertidas en entrevistas o publicaciones en redes sociales hasta la revelación de un comportamiento inapropiado o políticas empresariales controvertidas. Independientemente de la causa, el resultado es una reacción rápida y a menudo despiadada por parte del público, que afecta la reputación y, en muchos casos, la viabilidad financiera de la marca o personalidad pública en cuestión.

IMPACTO DE LA CANCELACIÓN DIGITAL

El impacto de la cancelación digital va más allá de la simple pérdida de seguidores o una caída momentánea de las ventas. Puede afectar profundamente la percepción pública de la marca o personalidad, resultando en daños a la reputación a largo plazo. Este daño puede manifestarse de varias maneras, entre ellas:

- **Boicots de los consumidores** : Reducción significativa de la fidelidad de los clientes y de los beneficios.

- **Devaluación de la marca** : Pérdida de valor de mercado y potencial falta de interés de inversores y socios.

- Dificultades de contratación : Complicaciones a la hora de atraer y retener talento debido a una imagen negativa.

Además, la cancelación digital también puede tener efectos devastadores en el bienestar emocional y psicológico de las personas directamente afectadas, exacerbando la gravedad del fenómeno.

ESTRATEGIAS DE PREVENCIÓN Y RESPUESTA

Si bien la cancelación digital puede parecer un monstruo invencible, existen estrategias efectivas que puede emplear para minimizar los riesgos y responder de manera constructiva ante tales desafíos:

- Monitoreo constante : Utiliza herramientas de monitoreo de redes sociales para monitorear lo que se dice sobre tu marca o persona en tiempo real. Esto permite una respuesta rápida ante cualquier señal de problema.

- Transparencia y autenticidad : Sea claro, honesto y veraz en todas sus comunicaciones. Esto ayuda a generar confianza con su audiencia y puede mitigar los impactos negativos si algo sale mal.

- Planes de respuesta a crisis : Desarrolla un plan detallado de comunicación de crisis, preparándote para responder rápida y eficazmente ante cualquier situación de cancelación. Esto incluye tener mensajes preaprobados y canales de comunicación establecidos.

- Compromiso proactivo : mantenga un diálogo abierto y continuo con su audiencia. Esto no sólo fortalece la relación con su base de seguidores, sino que también puede servir como red de seguridad, proporcionando un canal para una rápida aclaración y reparación si es necesario.

Comprender la cancelación de la suscripción digital es el primer paso para desarrollar una estrategia de relaciones públicas sólida y resiliente en la era digital. En el próximo capítulo, " **LA IMPORTANCIA DE LA REPUTACIÓN EN LÍNEA** ", exploraremos cómo administrar y proteger su reputación en línea en un mundo cada vez más conectado y visible.

El viaje para fortalecer su presencia digital y proteger su marca contra los vientos en contra de la cancelación digital continúa. Equipado con el conocimiento y las estrategias adecuados, estará preparado para enfrentar estos desafíos de frente y emerger aún más fuerte. Avancemos juntos en este viaje, dando forma a una narrativa digital que no sólo resista la prueba del tiempo, sino que también prospere frente a los desafíos.

LA IMPORTANCIA DE LA REPUTACIÓN EN LÍNEA

En el mundo digital actual, la reputación online de una marca o personalidad pública puede ser su activo más valioso o su mayor vulnerabilidad. Este capítulo explora la importancia fundamental de gestionar y proteger su reputación en línea, ofreciendo estrategias prácticas para mantener una imagen positiva en la web.

ENTENDIENDO LA REPUTACIÓN EN LÍNEA

Tu reputación online es la suma de las percepciones que el público tiene sobre tu marca o personalidad, en base a la información disponible en internet. Esto incluye todo, desde comentarios en las redes sociales y reseñas en sitios de reseñas hasta artículos de noticias y publicaciones de blogs. En un entorno digital donde la información (tanto positiva como negativa) puede difundirse rápidamente, mantener una reputación online positiva es crucial para el éxito y la supervivencia de su marca.

¿POR QUÉ ES CRUCIAL LA REPUTACIÓN ONLINE?

La reputación online impacta directamente varios aspectos de su negocio o carrera pública, incluyendo:

- **Confianza del consumidor** : una reputación positiva aumenta la confianza del consumidor, lo cual es esencial para retener clientes y atraer nuevos.

- **Decisiones de compra** : Muchos consumidores consultan reseñas online antes de tomar decisiones de compra, lo que significa que una buena reputación puede incrementar directamente sus ventas.

- **Percepción de valor** : Una reputación online sólida puede mejorar la percepción del valor de tu marca, permitiéndote diferenciarte de la competencia.

- **Atracción de talento** : Las empresas con reputación positiva atraen candidatos de alta calidad, ya que la gente prefiere trabajar para marcas respetadas.

ESTRATEGIAS PARA GESTIONAR Y PROTEGER TU REPUTACIÓN ONLINE

- **Monitoriza tu presencia online** : Utiliza herramientas de seguimiento para estar al día de lo que se dice sobre tu marca en Internet. Esto le permite responder con prontitud a cualquier comentario negativo o información falsa.

Compromiso activo : Mantén un diálogo constante con tu audiencia. Responda a los comentarios, tanto positivos como negativos, de forma respetuosa y constructiva. Esto demuestra que valora los comentarios y está comprometido a mejorar.

– **Contenido de calidad** : Publica periódicamente contenido relevante y valioso que refleje positivamente tu marca. Esto no sólo mejora su reputación sino que también contribuye a una presencia online más sólida.

- **Gestión de crisis** : Tener listo un plan de gestión de crisis para implementar si surge un problema grave. Una respuesta rápida y eficaz puede minimizar el daño a su reputación.

- **Enfoque en la transparencia** : Sea transparente en sus operaciones y comunicaciones. Admitir errores y tomar medidas correctivas demuestra integridad y, paradójicamente, puede mejorar la percepción pública.

Mantener una reputación online positiva es un proceso continuo que requiere vigilancia, dedicación y estrategia. En el próximo capítulo, " **ESTRATEGIAS DE RRPP PROACTIVAS** " , exploraremos cómo desarrollar e implementar tácticas proactivas para construir y mantener una imagen pública positiva.

A medida que avance en este libro, recuerde que cada paso que dé para proteger su reputación en línea es una inversión en el futuro de su marca o carrera pública. Lo invitamos a seguirnos en este viaje, armado con el conocimiento y las herramientas para no solo responder a los desafíos, sino también anticiparlos y transformarlos en oportunidades para crecer y fortalecer su presencia digital.

ESTRATEGIAS DE RRPP PROACTIVAS

Navegar en el entorno digital requiere algo más que simplemente reaccionar ante las crisis y la retroalimentación negativa; exige un enfoque proactivo para construir y mantener una imagen pública positiva. Este capítulo está dedicado a explorar estrategias proactivas de Relaciones Públicas (PR) que pueden usarse para fortalecer su presencia en línea, cultivar una imagen de marca sólida y establecer una conexión auténtica con su audiencia.

LA IMPORTANCIA DE LA PROACTIVIDAD EN PR

Una estrategia de relaciones públicas proactiva no sólo lo prepara para gestionar las crisis, sino que también ayuda a prevenirlas. Al establecer una narrativa positiva y controlar la percepción pública de su marca, puede influir significativamente en cómo se le percibe en línea. Esto implica no sólo monitorear y responder a las conversaciones sobre su marca, sino también liderar esas conversaciones estratégicamente.

DESARROLLO DE UNA ESTRATEGIA PROACTIVA

Para crear un enfoque proactivo eficaz de las relaciones públicas, considere los siguientes elementos:

- **Identificación y comprensión del público objetivo** : Conoce en profundidad a tu público. ¿Cuáles son sus preferencias, comportamientos en línea y canales de redes sociales preferidos? Esta comprensión le permite crear mensajes que resuenan e involucran a su audiencia de manera efectiva.

contenido valioso : Produzca y distribuya contenido que no solo sea relevante, sino también valioso para su audiencia. Esto puede incluir artículos informativos, publicaciones de blogs, videos, infografías y estudios de casos que posicionen su marca como líder intelectual en su industria.

- **Construir relaciones con los medios** : Establezca y mantenga relaciones positivas con periodistas, blogueros e influencers que puedan ayudarlo a difundir su mensaje de manera positiva. Esto incluye el envío de comunicados de prensa sobre noticias de la empresa, productos innovadores o investigaciones impactantes.

- **Participación en las redes sociales** : utilice las redes sociales para interactuar directamente con su audiencia, promoviendo la comunicación bidireccional. Esto ayuda a generar confianza y lealtad y le permite moldear activamente la percepción pública de su marca.

- **Seguimiento y análisis** : utilice herramientas de seguimiento para realizar un seguimiento de lo que se dice sobre su marca en línea y evaluar la eficacia de sus estrategias de relaciones públicas. Esto permite realizar ajustes rápidos e informados, asegurando que sus acciones estén alineadas con los objetivos de su marca.

IMPLEMENTAR ESTRATEGIAS PROACTIVAS

Con estas estrategias en la mano, es crucial implementarlas de manera consistente y ajustarlas según sea necesario. Recuerde, la proactividad de las relaciones públicas no es una tarea única, sino un proceso continuo de participación, evaluación y adaptación.

A medida que avanza en la construcción de una estrategia de relaciones públicas proactiva, el siguiente capítulo, " **MONITOREO DE MEDIOS DIGITALES "** , ofrecerá información valiosa sobre las herramientas y técnicas necesarias para monitorear su presencia digital e identificar posibles crisis antes de que se intensifiquen. Este conocimiento es fundamental para cualquier profesional de relaciones públicas que busque no sólo gestionar su reputación online, sino también fortalecerla de forma proactiva.

Al equiparse con las estrategias adecuadas y adoptar un enfoque proactivo, no sólo protegerá su marca contra posibles crisis, sino que también la posicionará para el éxito en el entorno digital. Quédese con nosotros en este viaje mientras exploramos más herramientas y técnicas para garantizar que su marca o personaje público florezca en la era digital.

MONITOREO DE MEDIOS DIGITALES

En el ecosistema digital actual, donde la información circula a una velocidad y un volumen sin precedentes, el monitoreo de los medios digitales se convierte en una herramienta indispensable para cualquier estrategia efectiva de Relaciones Públicas (PR). Este capítulo cubre las herramientas y técnicas esenciales para monitorear su presencia digital, permitiéndole identificar oportunidades para un compromiso positivo y posibles crisis antes de que se intensifiquen.

LA IMPORTANCIA DEL MONITOREO DIGITAL

El monitoreo de medios digitales le brinda una visión integral de cómo se percibe su marca o personalidad pública en línea. Al analizar los datos recopilados de diversas fuentes digitales, incluidas las redes sociales, foros, blogs y noticias, puede obtener información valiosa sobre el sentimiento de la audiencia, las tendencias emergentes y el rendimiento de sus campañas de comunicación.

HERRAMIENTAS DE MONITOREO DIGITALES

Existen varias herramientas de monitoreo disponibles en el mercado, cada una con sus propias características y capacidades. Algunos de los más efectivos incluyen:

- **Alertas de Google** : configurar alertas de Google para su marca o temas relevantes puede ser un buen punto de partida para monitorear las menciones en línea.

- **Hootsuite** : una plataforma de gestión de redes sociales que le permite monitorear múltiples redes sociales desde un único panel, lo que facilita el seguimiento de conversaciones y tendencias relevantes.

- **Mención** : herramienta de monitoreo en tiempo real que le brinda la posibilidad de rastrear las menciones de su marca en la web y las redes sociales, lo que le permite reaccionar rápidamente ante cualquier contenido negativo o positivo.

- **Reloj de marca** : una herramienta más avanzada que utiliza inteligencia artificial para analizar el sentimiento y las tendencias en torno a su marca, proporcionando información detallada que puede informar su estrategia de relaciones públicas.

TÉCNICAS DE MONITOREO EFICACES

Para maximizar la efectividad de su monitoreo de medios digitales, considere las siguientes técnicas:

- **Definición de palabras clave y temas relevantes** : identifique las palabras clave, frases y temas más relevantes para su marca o industria. Esto te ayudará a filtrar el ruido y concentrarte en las menciones que realmente importan.

- **Segmentación de canales** : Cada plataforma digital tiene su propia cultura y tipo de usuario. Segmentar su seguimiento por canal puede ayudarle a comprender mejor los matices de las conversaciones en diferentes plataformas.

- **Análisis de sentimiento** : utilice herramientas que ofrezcan análisis de sentimiento para tener una idea general del sentimiento positivo, negativo o neutral hacia su marca. Esto puede ayudar a priorizar las respuestas y comprender mejor la percepción pública.

- **Informes y análisis de tendencias** : cree informes periódicos para analizar las tendencias a lo largo del tiempo. Esto no sólo le ayuda a medir el impacto de sus acciones de relaciones públicas, sino también a identificar oportunidades o amenazas emergentes en el horizonte digital.

Armado con herramientas y técnicas de monitoreo de medios digitales, estará mejor preparado para administrar su presencia en línea y responder de manera proactiva a cualquier situación. En el próximo capítulo, " **COMUNICACIÓN DE CRISIS EN LA**

ERA DIGITAL " , profundizaremos en estrategias específicas para planificar y ejecutar comunicaciones de crisis efectivas, un componente crítico para salvaguardar su reputación en línea en tiempos de adversidad.

El seguimiento eficaz es su radar en el vasto océano digital, que guía su navegación a través de las tumultuosas olas de la opinión pública en línea. Continúe su viaje con nosotros mientras exploramos cómo convertir los conocimientos de seguimiento en acciones estratégicas que fortalezcan su marca en el mundo digital.

COMUNICACIÓN DE CRISIS EN LA ERA DIGITAL

En un mundo donde una sola publicación en las redes sociales puede generar una tormenta de relaciones públicas, estar preparado para comunicarse de manera efectiva durante una crisis es más crucial que nunca. Este capítulo cubre la planificación y ejecución de comunicaciones de crisis en la era digital, proporcionando estrategias vitales para proteger su reputación en línea en momentos críticos.

ENTENDIENDO LA COMUNICACIÓN DE CRISIS

La comunicación de crisis se refiere al conjunto de estrategias y prácticas empleadas para abordar eventos o información negativos que tienen el potencial de dañar la reputación de una marca o personalidad pública. En el entorno digital, donde las noticias se difunden rápidamente, una respuesta rápida y bien articulada es esencial.

ELEMENTOS DE UN PLAN DE COMUNICACIÓN DE CRISIS EFICAZ

- **Equipo de Gestión de Crisis** : Constituir un equipo dedicado a la gestión de crisis, incluyendo miembros de diferentes departamentos como relaciones públicas, legal y servicio al cliente, asegurando una respuesta coordinada.

- **Canales de comunicación** : determine qué canales se utilizarán para comunicarse durante una crisis (por ejemplo, redes sociales, sitio web oficial, prensa). Asegúrese de que estos canales se puedan actualizar rápidamente según sea necesario.

- **Mensajes clave y plantillas de respuesta** : Desarrollar mensajes clave y plantillas de respuesta para posibles escenarios de crisis. Si bien cada crisis requiere un enfoque personalizado, contar con una base puede acelerar significativamente su respuesta.

Protocolos de seguimiento y evaluación : Establece protocolos para monitorear la situación en tiempo real y evaluar la efectividad de tus comunicaciones. Esto incluye el seguimiento del sentimiento en línea y el volumen de menciones de marca.

ESTRATEGIAS PARA COMUNICARSE DURANTE UNA CRISIS

- **Respuesta rápida** : En el entorno digital, el tiempo es esencial. Una respuesta rápida puede ayudar a controlar la narrativa antes de que se intensifique.

- **Transparencia** : Sea honesto acerca de la situación. Admitir errores y comunicar los pasos que se están tomando para resolver el problema puede ayudar a reconstruir la confianza.

- **Coherencia** : asegúrese de que todas las comunicaciones, en todos los canales, sean coherentes. Los mensajes contradictorios pueden causar confusión y empeorar la crisis.

- **Enfoque en la solución** : si bien es importante reconocer el problema, las comunicaciones deben centrarse en las soluciones y acciones que se están tomando para resolver la crisis.

- **Monitoreo continuo** : siga monitoreando la situación y ajuste su estrategia según sea necesario. El escenario puede cambiar rápidamente y la flexibilidad es clave.

AVANZAR DESPUÉS DE LA CRISIS

Después de la crisis, es fundamental evaluar el desempeño de su estrategia de comunicación y aprender de la experiencia. Analice qué funcionó bien y qué se puede mejorar, ajuste sus planes de crisis en función de estos conocimientos y continúe monitoreando la percepción del público para garantizar la recuperación total de la reputación.

Ahora que está equipado con las estrategias para gestionar las comunicaciones de crisis en la era digital, el siguiente capítulo, " **GESTIÓN DE LA CANCELACIÓN EN LAS REDES SOCIALES"** , explorará tácticas específicas para contrarrestar las campañas de cancelación y mitigar sus efectos en las plataformas de redes sociales. Estas situaciones, aunque desafiantes, ofrecen oportunidades únicas para reafirmar los valores de su marca y fortalecer su conexión con su audiencia.

La comunicación de crisis es una parte inevitable de la gestión de una marca o imagen pública en la era digital. Con la preparación adecuada y un enfoque estratégico, podrás afrontar estos momentos con confianza y emerger más fuerte del otro lado. Continúe su viaje con nosotros mientras exploramos cómo convertir los desafíos en oportunidades de crecimiento y compromiso.

GESTIÓN DE LA CANCELACIONES EN LAS REDES SOCIALES

En las redes sociales, donde las voces se amplifican y las opiniones se difunden rápidamente, el fenómeno de la cancelación puede evolucionar rápidamente de un susurro a un rugido ensordecedor. Este capítulo se centra en estrategias efectivas para abordar campañas de cancelación de suscripción en plataformas de redes sociales, ayudándole a mitigar los impactos y, cuando sea posible, cambiar el rumbo a favor de su marca o imagen pública.

ENTENDIENDO LA CANCELACIÓN EN LAS REDES SOCIALES

La cancelación en las redes sociales ocurre cuando un individuo o una marca es objeto de críticas generalizadas, lo que a menudo resulta en un llamado público a boicotearlos o desacreditarlos. Estos movimientos pueden ser desencadenados por una variedad de razones, desde errores verbales hasta acciones consideradas poco éticas u ofensivas.

ESTRATEGIAS PARA HACER FRENTE A LA CANCELACIÓN

- **Evaluación y respuesta rápida** : El primer paso es evaluar rápidamente la situación para comprender la gravedad de la cancelación y determinar la mejor manera de responder. No todas las críticas requieren una respuesta pública, pero ignorar por completo una campaña de cancelación importante puede ser perjudicial.

Comunicación transparente y auténtica : Si es necesaria una respuesta, esta debe ser transparente, auténtica y alineada con los valores de tu marca. Reconozca el problema, muestre empatía y, si corresponde, discúlpese sinceramente.

Compromiso directo y constructivo : Interactuar directamente con la comunidad de manera constructiva. Esto podría incluir responder a inquietudes específicas en las redes sociales, realizar sesiones de preguntas y respuestas o incluso organizar reuniones virtuales para discutir el tema abiertamente.

- **Centrarse en la acción** : Además de las palabras, es

fundamental demostrar mediante acciones concretas que estás comprometido a realizar cambios positivos. Esto puede incluir revisar políticas internas, implementar programas de capacitación o donar a causas relacionadas.

Monitoreo continuo : Continúe monitoreando la situación en las redes sociales para evaluar la efectividad de sus respuestas y ajustar la estrategia según sea necesario. Las herramientas de monitoreo de redes sociales pueden ser valiosas aquí.

RECUPERARSE DE UNA CAMPAÑA DE CANCELACIÓN

Recuperarse de una campaña de exclusión voluntaria requiere tiempo, paciencia y un compromiso continuo con la transparencia y el cambio positivo. Considere estos pasos para la recuperación:

Evaluación post-crisis : Una vez pasada la tormenta, realizar un análisis detallado de lo ocurrido. Identificar qué se podría haber hecho diferente y qué se aprendió.

Reconstrucción estratégica : utilice los conocimientos adquiridos para fortalecer su estrategia de comunicación en las redes sociales, enfatizando la autenticidad y el compromiso positivo con su audiencia.

mejora continua : Demostrar un compromiso continuo con la mejora, ya sea a través de iniciativas internas para promover una cultura más inclusiva o mediante esfuerzos externos para reparar las relaciones con la comunidad.

Superar una campaña de cancelación de suscripción en las redes sociales es solo un paso en el camino hacia la construcción y el mantenimiento de una sólida reputación en línea. En el siguiente capítulo, " **COMPROMISO CON INFLUENCIADORES** ", exploraremos cómo colaborar con personas influyentes digitales puede reforzar el mensaje de su marca y generar autenticidad, ayudando a prevenir crisis futuras y promover una imagen positiva a largo plazo.

Navegar por las turbulentas aguas de la cancelación digital requiere no solo una estrategia eficaz sino también un compromiso genuino con el cambio y la mejora. Quédese con nosotros en este viaje mientras descubrimos más herramientas y estrategias para fortalecer su presencia digital en un mundo en constante cambio.

COMPROMISO CON INFLUENCIADORES

En el panorama digital actual, colaborar con personas influyentes se ha convertido en una estrategia indispensable para las marcas que desean ampliar su alcance, reforzar su mensaje y generar autenticidad. Este capítulo explora cómo el compromiso estratégico con personas influyentes digitales puede beneficiar su marca o imagen pública, ofreciendo consejos para crear asociaciones fructíferas que avancen en sus objetivos de relaciones públicas.

EL PODER DE LOS INFLUENCIADORES DIGITALES

Los influencers digitales, con sus audiencias leales y nichos específicos, tienen la capacidad única de moldear opiniones y tendencias. Pueden actuar como multiplicadores de mensajes para su marca, brindando credibilidad y relevancia a través de su respaldo. La clave es elegir personas influyentes cuyos valores y audiencia se alineen con los de su marca.

ESTRATEGIAS PARA UNA COMPROMISO EFECTIVO

- **Identificación y selección de influencers** : Empieza por identificar influencers cuyos nichos y valores estén alineados con tu marca. Las herramientas de análisis de redes sociales pueden ayudar a identificar candidatos potenciales en función del alcance, la participación y la relevancia del contenido.

relaciones auténticas : antes de proponer una colaboración, invierte tiempo en construir una relación genuina con influencers. Comente sus publicaciones, comparta su contenido y participe de manera significativa para establecer una conexión auténtica.

- **Propuestas personalizadas** : Cuando estés listo para proponer una asociación, hazlo de forma personalizada. Resalte cómo la colaboración puede beneficiar a ambas partes y esté abierto a ideas creativas que resuenen en la audiencia del influencer.

expectativas claras : al formalizar la asociación, es fundamental establecer expectativas claras en términos de entregables, mensajes clave y directrices de marca. Una sesión informativa detallada puede ayudar a garantizar que ambos estén en la misma página.

- **Seguimiento y evaluación** : utilice métricas de rendimiento, como alcance, participación y conversiones, para evaluar el éxito de la asociación. Esto no sólo le ayuda a medir el ROI, sino que también proporciona información valiosa para futuras colaboraciones.

MAXIMIZANDO EL IMPACTO

Para maximizar el impacto del compromiso con personas influyentes, considere integrar estas asociaciones en su estrategia más amplia de relaciones públicas. Las campañas coherentes que combinan personas influyentes, contenido orgánico y medios pagos pueden amplificar significativamente su mensaje.

Colaborar con influencers es más que una simple estrategia de marketing; Es una forma poderosa de generar credibilidad y autenticidad en un mundo digital saturado. En el próximo capítulo, " **SEO PARA RELACIONES PÚBLICAS** ", exploraremos cómo optimizar su presencia en línea para mejorar la visibilidad positiva y gestionar la reputación en línea, complementando así los esfuerzos de participación de influencers.

En este panorama digital en constante evolución, donde la autenticidad y la confianza son monedas valiosas, aprovechar el poder de las personas influyentes puede ser la clave para fortalecer su marca y cultivar relaciones duraderas con su audiencia. Únase a nosotros en este viaje mientras descubrimos más estrategias para garantizar que su marca no solo sobreviva sino que prospere en la era digital.

SEO PARA RELACIONES PÚBLICAS

En el universo digital actual, la visibilidad en línea es crucial para el éxito de cualquier marca o personalidad pública. El SEO (optimización de motores de búsqueda) ya no es sólo una herramienta de marketing digital; se ha convertido en una parte esencial de las estrategias de relaciones públicas. Este capítulo cubre cómo utilizar técnicas de SEO para mejorar la visibilidad positiva y gestionar eficazmente la reputación online.

INTEGRANDO EL SEO EN LAS RELACIONES PÚBLICAS

El SEO para relaciones públicas va más allá de la simple optimización del contenido para los motores de búsqueda. Implica un enfoque estratégico para garantizar que los mensajes positivos y el contenido de marca se destaquen en los resultados de búsqueda, al tiempo que se gestiona activamente la percepción pública.

ESTRATEGIAS DE SEO PARA RR.PP.

- **Palabras clave y mensajes clave** : Identifique las palabras clave relevantes que su público objetivo está buscando e incorpórelas en sus mensajes clave. Esto incluye comunicados de prensa, contenido de blogs, biografías en línea y otros materiales de comunicación.

– **Optimización de contenido** : asegúrese de que todo el contenido en línea esté optimizado para SEO, incluidos títulos, descripciones, etiquetas de encabezado e imágenes. Esto aumenta la probabilidad de que los motores de búsqueda encuentren y clasifiquen positivamente su contenido.

- **Vínculos de retroceso de calidad** : crear vínculos de retroceso desde sitios web acreditados puede aumentar significativamente la autoridad de su sitio web en los motores de búsqueda. Las colaboraciones con personas influyentes, menciones en los medios y publicaciones de invitados son formas efectivas de acumular vínculos de retroceso de calidad.

– Monitoreo de la reputación en línea : utilice herramientas de SEO para monitorear cómo se menciona su marca o nombre en línea. Esto le permite identificar rápidamente contenido negativo o falso y tomar medidas para gestionarlo de forma proactiva.

Contenido de alta calidad : producir contenido relevante y de alta calidad es la columna vertebral del SEO. El contenido que responde a las preguntas de su audiencia y proporciona valor tiende a clasificarse y compartirse mejor, lo que aumenta su visibilidad positiva en línea.

RETOS Y OPORTUNIDADES

El principal desafío del SEO para relaciones públicas es la constante evolución de los algoritmos de búsqueda, lo que requiere una continua adaptación y actualización de las estrategias. Sin embargo, esto también presenta una oportunidad para adelantarse a las tendencias digitales adaptando sus técnicas para garantizar la máxima visibilidad y una gestión eficaz de la reputación online.

Al integrar eficazmente el SEO en sus estrategias de relaciones públicas, puede garantizar que la narrativa positiva de su marca gane protagonismo en el vasto mundo digital. En el próximo capítulo, " **CONTENIDO DE MARCA Y NARRATIVA** ", profundizaremos en el arte de contar historias que resuenan en su audiencia, complementando sus estrategias de SEO y amplificando aún más su presencia en línea.

Emplear SEO en relaciones públicas no se trata sólo de ser visto; se trata de ser visto en el contexto correcto. Emprende este viaje con nosotros mientras exploramos cómo dar forma y compartir las historias que definen tu marca en la era digital.

CONTENIDO DE MARCA Y NARRATIVA

En el corazón de cualquier estrategia exitosa de relaciones públicas en la era digital se encuentra el arte de contar historias. Contar historias atractivas y significativas permite a las marcas y figuras públicas conectarse emocionalmente con sus audiencias, trascendiendo la publicidad tradicional para crear vínculos duraderos. Este capítulo explora cómo integrar contenido de marca y narración de historias en sus estrategias de relaciones públicas, convirtiendo cada punto de contacto en una oportunidad para participar e inspirar.

LA ESENCIA DE CONTAR HISTORIAS

Contar historias es más que simplemente contar historias; se trata de contar la historia correcta de la manera correcta. Las historias bien contadas tienen el poder de capturar la imaginación, evocar emociones y motivar la acción. En el contexto de las relaciones públicas digitales, el storytelling se convierte en una poderosa herramienta para humanizar tu marca, resaltar sus valores y generar credibilidad.

ESTRATEGIAS DE NARRACIÓN DE RR.PP.

- **Identifique su narrativa central** : todo el contenido de marca debe girar en torno a una narrativa central coherente. Esta narrativa debe reflejar los valores, la misión y lo que la hace única de su marca. Una narrativa bien definida sirve como columna vertebral de todas tus historias.

– **Conozca a su audiencia** : para que sus historias resuenen, es fundamental comprender a su audiencia. ¿Cuáles son sus intereses, preocupaciones y aspiraciones? Las historias que hablan directamente a los corazones y las mentes de su audiencia son las que serán recordadas y compartidas.

- **Diversifique el formato de contenido** : utilice una variedad de formatos de contenido para contar sus historias, incluidos blogs, videos, podcasts, infografías y redes sociales. Diferentes formatos pueden captar la atención de diferentes segmentos de su audiencia de maneras únicas.

- Promover el compromiso : anima a tu audiencia a ser parte de tu historia. Esto se puede hacer a través de campañas en las redes sociales que inviten a la participación, concursos o incluso la cocreación de contenidos. El compromiso convierte a los espectadores pasivos en defensores activos de su marca.

- Medir el impacto : utilice herramientas analíticas para evaluar el impacto de sus historias. Métricas como participación, acciones, comentarios y conversiones pueden proporcionar información valiosa sobre lo que resuena en su audiencia.

SUPERAR DESAFÍOS EN LA NARRACIÓN

El mayor desafío en la narración digital es eliminar el ruido. Vivimos en una era de sobrecarga de información, donde la atención del público es muy buscada. Para superar este desafío, sus historias no solo deben ser interesantes, sino también relevantes y entregadas en el momento adecuado y en el canal adecuado.

A medida que avanzamos hacia el siguiente capítulo, " **RELACIONES CON LOS MEDIOS EN EL MUNDO DIGITAL** ", exploraremos cómo la narrativa de su marca puede amplificarse a través de relaciones estratégicas con los medios. La narración no termina con el contenido que creas; Se extiende a través de las historias que otros cuentan sobre ti.

Al combinar técnicas efectivas de narración con una sólida estrategia de contenido de marca, puede elevar su presencia en línea, involucrar profundamente a su audiencia y construir una reputación duradera en la era digital. Continúe este viaje con nosotros a medida que desbloqueamos más herramientas y estrategias para moldear la percepción pública e impulsar el éxito de su marca.

RELACIONES CON LOS MEDIOS EN EL MUNDO DIGITAL

En un entorno digital en constante evolución, las relaciones con los medios siguen siendo un pilar fundamental de las relaciones públicas. En este capítulo, exploraremos cómo cultivar y mantener relaciones productivas con periodistas y medios de comunicación en la era digital, ampliando el alcance de las narrativas de su marca y solidificando su reputación en línea.

LA IMPORTANCIA DE RELACIONES SÓLIDAS CON LOS MEDIOS

Las relaciones con los medios de comunicación en el mundo digital van más allá del simple envío de notas de prensa. Se trata de construir conexiones genuinas con periodistas y personas influyentes en los medios que puedan estar realmente interesados en su historia. Estas relaciones pueden ser invaluables en tiempos de crisis o cuando necesita contar una historia de manera precisa y favorable.

ESTRATEGIAS PARA CONSTRUIR RELACIONES CON LOS MEDIOS

- **Búsqueda y personalización** : Empiece por identificar periodistas y medios de comunicación que cubran su área de especialización. Comprenda el tipo de contenido que producen y personalice su enfoque en función de sus intereses y necesidades.

- **Creación de contenido valioso** : ofrezca contenido exclusivo, conocimientos de expertos o acceso temprano a información importante. Esto no sólo aumenta sus posibilidades de cobertura, sino que también establece su marca como una fuente valiosa y confiable.

Comunicación efectiva : Mantener la comunicación clara, concisa y relevante. Respete los plazos de los periodistas y proporcione toda la información necesaria para facilitar su trabajo, incluidas citas, imágenes e información de contacto.

- **Uso de plataformas digitales** : Aprovechar las plataformas digitales para construir y mantener relaciones. Seguir a los periodistas en las redes sociales, interactuar con su contenido y compartir sus artículos puede ayudar a establecer una conexión incluso antes del primer contacto directo.

- Monitoreo y seguimiento : Luego de enviar comunicados de prensa u otra información, haga un seguimiento respetuoso para asegurarse de que hayan recibido todo lo que necesitan. Después de la publicación, agradece y comparte el contenido en tus propios canales.

SUPERAR DESAFÍOS

Uno de los principales desafíos en la relación con los medios digitales es la alta competencia por la atención. Para superar esto, es fundamental que su enfoque se destaque, ofreciendo historias únicas, ángulos interesantes y valor real para la audiencia del medio de comunicación.

Las relaciones efectivas con los medios son un ciclo continuo de investigación, comunicación y gratitud. Al invertir en estas relaciones, no sólo amplía el alcance de sus historias, sino que también fortalece la posición de su marca en el panorama digital. En el siguiente capítulo, " **GESTIÓN DE LOS INTERESADOS**", exploraremos cómo identificar y gestionar las expectativas y percepciones de las partes interesadas, un paso crucial para garantizar la alineación entre su estrategia de relaciones públicas y los objetivos generales de su marca.

Las relaciones con los medios en el mundo digital son una vía de doble sentido y ofrecen beneficios tanto para las marcas como para los periodistas. Únase a nosotros en este viaje mientras continuamos explorando estrategias para cultivar una presencia en línea positiva e influyente.

GESTIÓN DE LOS INTERESADOS

La gestión de las partes interesadas es esencial para construir y mantener una imagen pública positiva y ejecutar estrategias efectivas de relaciones públicas. En este capítulo, exploraremos cómo identificar, comprender y gestionar las expectativas y percepciones de las partes interesadas, asegurando que sus estrategias de relaciones públicas estén alineadas con los objetivos de la marca y satisfagan las necesidades de todos los involucrados.

ENTENDIENDO A LAS PARTES INTERESADAS

Las partes interesadas son individuos, grupos u organizaciones que tienen interés o se ven afectados por las actividades de su marca. Esto incluye clientes, empleados, socios comerciales, inversores y medios de comunicación. Cada grupo tiene sus propias expectativas y necesidades, y comprender estas diferencias es crucial para desarrollar comunicaciones efectivas.

ESTRATEGIAS PARA LA GESTIÓN DE LOS GRUPOS DE INTERÉS

- **Mapeo e identificación** : El primer paso es identificar quiénes son sus stakeholders y mapear su nivel de influencia e interés en relación con su marca. Esto ayuda a priorizar los esfuerzos de comunicación y personalizar los mensajes.

- **Comprender las necesidades** : comprender las necesidades, preocupaciones y expectativas de cada grupo de partes interesadas es vital. Esto se puede lograr mediante encuestas, entrevistas o sesiones de retroalimentación.

- **Comunicación efectiva** : Desarrollar un plan de comunicación que aborde las necesidades específicas de cada grupo de partes interesadas. La comunicación debe ser clara, consistente y regular para generar confianza y mantener relaciones positivas.

- **Compromiso proactivo** : Involucrar a las partes interesadas en las decisiones y procesos que les afectan. Esto no sólo demuestra respeto por sus opiniones, sino que también puede proporcionar información valiosa para mejorar sus estrategias de relaciones públicas.

- Seguimiento y ajustes : supervise continuamente los conocimientos y comentarios de las partes interesadas y esté preparado para ajustar sus estrategias según sea necesario. La gestión de las partes interesadas es un proceso dinámico que requiere flexibilidad y adaptabilidad.

SUPERAR DESAFÍOS

Uno de los mayores desafíos en la gestión de las partes interesadas es equilibrar los intereses en conflicto. La comunicación efectiva y la búsqueda de soluciones beneficiosas para todos son esenciales para superar estos obstáculos y mantener relaciones armoniosas.

La gestión eficaz de las partes interesadas es un componente crucial de cualquier estrategia de relaciones públicas exitosa. Le permite construir una base sólida de apoyo, minimizar los conflictos y maximizar la cooperación entre todos los involucrados. En el próximo capítulo, " **TRANSPARENCIA Y AUTENTICIDAD** ", exploraremos cómo estos valores pueden incorporarse en sus estrategias de relaciones públicas para fortalecer aún más su imagen pública y la confianza de sus partes interesadas.

Comprender y gestionar las expectativas de las partes interesadas no sólo fortalece su imagen de marca, sino que también contribuye al éxito a largo plazo de sus iniciativas de relaciones públicas. Quédese con nosotros en este viaje mientras descubrimos estrategias para construir y mantener relaciones positivas en el volátil entorno digital actual.

TRANSPARENCIA Y AUTENTICIDAD

La transparencia y la autenticidad son más que simples palabras de moda en el mundo de las relaciones públicas; son bases fundamentales para generar confianza y lealtad con sus partes interesadas en un entorno digital cada vez más escéptico. Este capítulo explora la importancia de integrar la transparencia y la autenticidad en sus estrategias de relaciones públicas, brindando orientación sobre cómo estos valores pueden comunicarse de manera efectiva para fortalecer su imagen pública.

LA IMPORTANCIA DE LA TRANSPARENCIA Y LA AUTENTICIDAD

En un mundo lleno de información y opciones, los consumidores y otras partes interesadas valoran las marcas que son abiertas, honestas y genuinas. La transparencia no se trata sólo de revelar información; se trata de ser abierto acerca de tus prácticas, éxitos y, igualmente importante, tus fracasos. La autenticidad va más allá de mantener una imagen; se trata de alinear sus acciones con los valores declarados, asegurando que su marca "practique lo que predica".

COMUNICAR TRANSPARENCIA Y AUTENTICIDAD

- **Historias reales, personas reales** : utilice sus plataformas de comunicación para contar historias reales que involucren a su equipo, clientes o socios. Estas historias deben reflejar honestamente los valores y la cultura de su marca.

- **Diálogo abierto** : Fomente y participe en conversaciones abiertas con sus partes interesadas, ya sea a través de redes sociales, foros o eventos en vivo. Esté dispuesto a discutir temas delicados de manera respetuosa y constructiva.

- **Admitir errores** : Cuando se produzcan errores, asumir la responsabilidad con prontitud. Explique qué salió mal, qué se está haciendo para corregir el problema y cómo se evitarán errores futuros.

- **Comentarios y acción** : demuestre cómo los comentarios de las partes interesadas influyen en sus decisiones y acciones. Esto no sólo valida la importancia de tus contribuciones, sino que también refuerza tu autenticidad.

- Coherencia en la comunicación : asegúresc de que sus mensajes sean coherentes en todos los canales. Las inconsistencias pueden socavar la confianza y cuestionar su autenticidad.

BENEFICIOS DE SER TRANSPARENTE Y AUTÉNTICO

Adoptar un enfoque transparente y auténtico puede aportar numerosos beneficios, incluida una reputación pública fortalecida, una base de clientes leales y la capacidad de atraer y retener talento. Además, en tiempos de crisis, las marcas que ya se han ganado una reputación de transparencia y autenticidad tienden a recuperarse más rápidamente.

SUPERAR DESAFÍOS

Uno de los mayores desafíos es equilibrar la transparencia con la necesidad de proteger la información confidencial. La clave es comunicarse lo más abiertamente posible, mientras se explica claramente las razones para mantener cierta información privada.

Integrar transparencia y autenticidad en sus estrategias de relaciones públicas no sólo es beneficioso; Es esencial en la era digital actual. En el próximo capítulo, " **ESTRATEGIAS DE CONTENIDO VISUAL "** , exploraremos cómo utilizar contenido visual para reforzar sus mensajes de relaciones públicas, atrayendo a su audiencia de una manera efectiva y memorable.

Construir una marca sólida en la era digital requiere algo más que una simple presencia online; requiere crear una conexión genuina con sus partes interesadas. Continúe este viaje con nosotros mientras exploramos formas de comunicar los valores de su marca de manera efectiva aprovechando el poder de la transparencia y la autenticidad.

ESTRATEGIAS DE CONTENIDO VISUAL

En un mundo digital saturado de información, el contenido visual emerge como una forma poderosa de captar la atención del público, comunicar mensajes complejos de manera rápida y efectiva y reforzar la identidad y los valores de la marca. Este capítulo aborda la importancia del contenido visual en las estrategias de relaciones públicas y proporciona pautas para crear imágenes que atraigan e inspiren a su audiencia.

EL PODER DEL CONTENIDO VISUAL

El contenido visual, incluidas imágenes, videos, infografías y gráficos en movimiento, tiene la capacidad única de transmitir emociones, contar historias y presentar información de una manera rápida y digerible. En el contexto de las relaciones públicas, el uso estratégico de contenido visual puede amplificar significativamente el impacto de sus comunicaciones, haciéndolas más memorables y compartibles.

DESARROLLO DE ESTRATEGIAS DE CONTENIDO VISUAL EFICACES

- **Alineación con el mensaje de la marca** : asegúrese de que todo el contenido visual refleje y refuerce el mensaje y los valores de su marca. La coherencia visual ayuda a generar reconocimiento y confianza.

- **Calidad sobre cantidad** : Invierta en contenido visual de alta calidad. Imágenes atractivas y profesionales elevan la percepción de su marca y captan mejor la atención de su audiencia.

- **Diversificación de formatos** : explore diferentes formatos de contenido visual para mantener a su audiencia interesada. Vídeos, vidas, historias de redes sociales, infografías y fotografías de alta calidad pueden satisfacer diferentes preferencias y necesidades de información.

- **Optimización para plataformas** : Adapta y optimiza tu contenido visual para cada plataforma de redes sociales, considerando las especificidades y limitaciones de cada una. Esto maximiza el impacto y la visibilidad de sus imágenes.

- Integración de narración de historias : utilice contenido visual para contar historias que resuenen emocionalmente con su audiencia. Las historias visuales pueden ser especialmente efectivas para transmitir la misión de la marca, el impacto social o las historias de los clientes.

- Interactividad y participación : considere la posibilidad de crear contenido visual interactivo, como cuestionarios, encuestas o juegos, para aumentar la participación. La interactividad también puede proporcionar información valiosa sobre las preferencias de su audiencia.

MEDICIÓN DEL ÉXITO

Para evaluar la efectividad de sus estrategias de contenido visual, controle métricas como participación, acciones, comentarios y conversiones. Esta información puede ayudarle a perfeccionar sus enfoques e identificar los tipos de contenido que más resuenan en su audiencia.

SUPERAR DESAFÍOS

Uno de los desafíos del contenido visual es mantener la producción de materiales frescos y relevantes, lo que puede requerir importantes recursos. Colaborar con creadores de contenido, utilizar herramientas de diseño accesibles y aprovechar el contenido generado por el usuario pueden ser estrategias efectivas para superar estas barreras.

Con estrategias de contenido visual bien implementadas, estará listo para captar la atención de su audiencia de una manera poderosa y memorable. En el próximo capítulo, " **DERECHOS DIGITALES Y ÉTICA EN LÍNEA** " , exploraremos cómo abordar las cuestiones de derechos de autor y ética en las comunicaciones en línea, garantizando que su contenido visual no solo sea atractivo, sino que también respete los estándares legales y éticos.

El contenido visual es una herramienta indispensable en el arsenal de cualquier estrategia moderna de relaciones públicas, ya que ofrece un medio poderoso para contar su historia y conectarse con su audiencia. Continúe este viaje con nosotros mientras exploramos aspectos más cruciales para fortalecer su presencia digital y reputación en línea.

DERECHOS DIGITALES Y ÉTICA EN LÍNEA

Navegar por las complejidades de los derechos digitales y la ética en línea es esencial para las marcas y figuras públicas que buscan mantener prácticas de comunicación responsables en la era digital. Este capítulo analiza la importancia de comprender y respetar los derechos de autor y la ética en línea, brindando orientación para garantizar que su contenido visual y sus estrategias de relaciones públicas cumplan con las leyes y los estándares éticos.

COMPRENSIÓN DE LOS DERECHOS DIGITALES Y LA ÉTICA EN LÍNEA

Los derechos digitales se refieren a los derechos de propiedad intelectual aplicados al entorno digital, incluidos los derechos de autor de imágenes, vídeos, textos y otros contenidos creativos. La ética en línea, a su vez, aborda prácticas correctas y justas en el uso y el intercambio de contenidos en Internet, garantizando que las acciones en línea respeten los derechos tanto individuales como colectivos.

PRÁCTICAS PARA RESPETAR LOS DERECHOS DIGITALES Y LA ÉTICA EN LÍNEA

contenido original y con licencia : Siempre que sea posible, cree su propio contenido visual o utilice imágenes, vídeos y música con licencia a través de bancos de imágenes acreditados o bajo licencias Creative Commons adecuadas para uso comercial.

Atribución adecuada : cuando utilice contenido de terceros, proporcione una atribución clara y precisa según lo especificado por el creador o la licencia bajo la cual el contenido está disponible.

- Respeto por la privacidad y el consentimiento : obtenga un consentimiento claro antes de utilizar imágenes o historias personales en sus campañas de relaciones públicas, especialmente en contextos que puedan ser sensibles o personales.

- Transparencia en publicidad y asociaciones : Sea transparente sobre asociaciones pagas o contenido patrocinado, utilizando hashtags como #publi o #ad para indicar que se trata de una comunicación publicitaria.

- Verificación de hechos y responsabilidad : asegúrese de que todo el contenido compartido sea preciso y esté verificado, evitando la difusión de información falsa o engañosa.

NAVEGANDO DESAFÍOS LEGALES Y ÉTICOS

La infracción de los derechos de autor y la ética en línea pueden tener consecuencias legales graves y dañar la reputación de su marca. Manténgase informado sobre las leyes de derechos de autor y las mejores prácticas éticas, y considere consultar con profesionales legales expertos cuando sea necesario.

Respetar los derechos digitales y la ética en línea no solo protege su marca contra riesgos legales y éticos, sino que también genera confianza con su audiencia, reforzando su reputación como marca responsable y honrada. En el próximo capítulo, " **TECNOLOGÍAS EMERGENTES EN RP "** , exploraremos cómo las nuevas tecnologías como la IA y blockchain están redefiniendo las estrategias de relaciones públicas, abriendo nuevas posibilidades de comunicación y participación.

En este entorno digital en constante evolución, es crucial que las marcas y las figuras públicas naveguen con cuidado y responsabilidad, asegurando que sus estrategias de comunicación reflejen no solo sus objetivos, sino también un compromiso con prácticas justas y éticas. Quédese con nosotros en este viaje mientras descubrimos cómo integrar de manera ética y efectiva las tecnologías emergentes en sus estrategias de relaciones públicas.

TECNOLOGÍAS EMERGENTES EN RP

A medida que el campo de las relaciones públicas continúa evolucionando, la incorporación de tecnologías emergentes se ha convertido en una estrategia crucial para las marcas y personalidades que buscan innovar sus comunicaciones y su compromiso con el público. Este capítulo explora el impacto de la inteligencia artificial (IA), la cadena de bloques, la realidad aumentada (AR) y otras tecnologías en la reinvención de las estrategias de relaciones públicas, destacando cómo estas herramientas se pueden utilizar para mejorar la comunicación y el análisis de datos.

INTELIGENCIA ARTIFICIAL (IA) EN PR

La IA está transformando las relaciones públicas de muchas maneras, desde automatizar tareas repetitivas hasta personalizar la comunicación con el público. Las herramientas basadas en inteligencia artificial pueden analizar grandes volúmenes de datos para identificar tendencias y patrones, lo que permite a las marcas anticipar las necesidades de la audiencia y personalizar sus mensajes de manera más efectiva. Además, los chatbots impulsados por IA pueden brindar servicio al cliente en tiempo real, mejorando la experiencia del usuario.

BLOCKCHAIN PARA TRANSPARENCIA Y SEGURIDAD

Blockchain está comenzando a explorarse en PR para mejorar la transparencia y seguridad de la comunicación. Esta tecnología se puede utilizar para verificar la autenticidad de documentos y autorizaciones, garantizando que la información compartida sea confiable y esté inalterada. Esto es particularmente relevante en un escenario donde la confianza en los medios y las instituciones está disminuyendo.

REALIDAD AUMENTADA (RA) Y EXPERIENCIAS INMERSIVAS

La RA ofrece nuevas oportunidades para que las marcas creen experiencias inmersivas y atractivas, permitiendo al público interactuar con productos o servicios virtualmente antes de comprarlos. Las campañas de relaciones públicas que incorporan AR pueden aumentar significativamente la participación, brindando a los usuarios una comprensión más profunda y tangible de la oferta de la marca.

DESAFÍOS Y CONSIDERACIONES ÉTICAS

A pesar de su potencial, la implementación de tecnologías emergentes en relaciones públicas conlleva desafíos y consideraciones éticas. La privacidad de los datos es una preocupación primordial, especialmente con el uso de la inteligencia artificial y el análisis de datos. Las marcas deben garantizar la transparencia en cómo se recopilan y utilizan los datos, así como cumplir con las normas de protección de datos como el GDPR en Europa. Además, es crucial mantener un equilibrio entre la automatización y la interacción humana, preservando la autenticidad de la comunicación.

A medida que avanzamos hacia el siguiente capítulo, " **ANÁLISIS DE DATOS EN RRPP** ", exploraremos cómo el análisis de datos, respaldado por tecnologías emergentes, puede proporcionar información valiosa para optimizar las estrategias de relaciones públicas y medir el impacto de las campañas. Las tecnologías emergentes ofrecen herramientas poderosas para innovar y mejorar las relaciones públicas, pero su éxito depende de una implementación cuidadosa y una consideración ética.

La integración de tecnologías emergentes en las estrategias de relaciones públicas representa una apasionante frontera de innovación y personalización. Sin embargo, para maximizar su potencial, es fundamental abordar los desafíos y consideraciones éticas asociados. Quédese con nosotros en este viaje mientras descubrimos cómo aprovechar el poder del análisis de datos para transformar sus relaciones públicas.

ANÁLISIS DE DATOS EN RRPP

El análisis de datos se ha convertido en una herramienta indispensable para los profesionales de las relaciones públicas, permitiendo una comprensión más profunda del impacto de sus estrategias y la optimización de futuras campañas basadas en insights concretos. Este capítulo explora cómo el análisis de datos se puede aplicar eficazmente a las relaciones públicas, destacando las mejores prácticas para recopilar, interpretar y actuar sobre los datos.

EL PODER DEL ANÁLISIS DE DATOS EN PR

El análisis de datos permite medir el éxito de las iniciativas de relaciones públicas de forma cuantitativa, ofreciendo una visión clara del retorno de la inversión (ROI) y la eficacia de las campañas. Además, los conocimientos generados por el análisis de datos pueden ayudar a identificar tendencias del mercado, preferencias de la audiencia, rendimiento del contenido y alcance de los medios, lo que permite realizar ajustes estratégicos que mejoren las comunicaciones futuras.

IMPLEMENTAR EL ANÁLISIS DE DATOS EN LAS ESTRATEGIAS DE RRPP

objetivos claros : Antes de iniciar la recogida de datos, es fundamental definir qué quieres conseguir con tu análisis. Esto podría incluir aumentar la visibilidad de la marca, la participación de la audiencia o la eficacia del mensaje.

- **Recopilación de datos** : utilice una variedad de herramientas y plataformas para recopilar datos relevantes. Esto puede incluir análisis de redes sociales, herramientas de monitoreo de medios, encuestas de audiencia y datos de tráfico del sitio web.

- **Análisis e interpretación** : analiza los datos recopilados para identificar patrones, tendencias y conocimientos. La interpretación de los datos requiere una comprensión de los objetivos de relaciones públicas y cómo se relacionan con los resultados observados.

Acción basada en datos : utilice los conocimientos adquiridos para informar y ajustar sus estrategias de relaciones públicas. Esto puede incluir optimizar el contenido, reorientar las audiencias o cambiar los canales de comunicación.

ajuste continuo : El análisis de datos es un proceso continuo. Evalúe periódicamente el impacto de los cambios implementados y esté preparado para realizar ajustes adicionales basados en nuevos datos y conocimientos.

DESAFÍOS EN EL ANÁLISIS DE DATOS

Uno de los principales desafíos en el análisis de datos en PR es garantizar la calidad y relevancia de los datos recopilados. Además, interpretar datos de manera eficaz requiere habilidades específicas y comprensión del contexto de relaciones públicas. Superar estos desafíos a menudo requiere capacitación continua y, en algunos casos, colaboración con expertos en análisis de datos.

El análisis de datos ofrece a los profesionales de relaciones públicas la oportunidad de tomar decisiones informadas y basadas en evidencia, aumentando el impacto y la eficiencia de sus estrategias. En el próximo capítulo, " **GESTIÓN DE COMENTARIOS EN LÍNEA** " , exploraremos cómo recopilar, interpretar y responder a los comentarios en línea de manera constructiva, un paso crucial para mejorar y mantener continuamente relaciones positivas con el público.

En un entorno digital cada vez más basado en datos, la capacidad de interpretar y actuar en función de información precisa es fundamental para el éxito de las estrategias de relaciones públicas. Continúe este viaje con nosotros mientras exploramos técnicas avanzadas para gestionar los comentarios en línea y fortalecer su presencia digital.

GESTIÓN DE COMENTARIOS EN LÍNEA

La retroalimentación en línea se ha convertido en una fuente invaluable de información para marcas y figuras públicas, ya que ofrece información directa sobre las percepciones, experiencias y expectativas de la audiencia. Este capítulo cubre cómo recopilar, interpretar y responder a los comentarios en línea de manera efectiva, convirtiéndolos en una poderosa herramienta para la mejora continua y el fortalecimiento de las relaciones con su audiencia.

LA IMPORTANCIA DEL COMENTARIO EN LÍNEA

La retroalimentación en línea, ya sea a través de comentarios en redes sociales, reseñas de sitios web o foros de discusión, proporciona datos reales sobre la reacción del público ante sus iniciativas de relaciones públicas. Además de medir la satisfacción y capturar sugerencias de mejora, la retroalimentación en línea permite identificar rápidamente posibles crisis y ajustar las estrategias de comunicación según sea necesario.

ESTRATEGIAS PARA LA GESTIÓN DE RETROALIMENTACIÓN EN LÍNEA

- **Monitoreo activo** : utilice herramientas de monitoreo de redes sociales y otras plataformas digitales para recopilar comentarios de forma continua. Esto incluye menciones de marca, hashtags relevantes y debates sobre los temas asociados con su imagen.

- **Análisis e interpretación** : Evaluar la retroalimentación recopilada para identificar tendencias, problemas recurrentes y oportunidades de mejora. El análisis de sentimientos puede resultar particularmente útil para comprender la naturaleza emocional de la retroalimentación.

Respuesta rápida y personalizada : Responder de forma rápida y personalizada al feedback, especialmente cuando es negativo, demuestra que tu marca valora las opiniones del público y está comprometida con la resolución de problemas potenciales.

- Integración de comentarios en estrategias de relaciones públicas : utilice los conocimientos adquiridos a partir de los comentarios para ajustar y mejorar sus estrategias de relaciones públicas. Esto puede incluir cambios en la comunicación, adaptación de productos o servicios y revisión de las prácticas de servicio al cliente.

- Compartir aprendizajes y mejoras : cuando se tomen acciones basadas en comentarios, comparta estas mejoras con su audiencia. Esto no sólo cierra el círculo de retroalimentación, sino que también refuerza la percepción de una marca reflexiva y en evolución.

SUPERAR DESAFÍOS

Uno de los desafíos en la gestión de comentarios en línea es lidiar con el importante volumen de datos e identificar qué comentarios requieren acción inmediata. Además, responder adecuadamente a críticas negativas o comentarios cargados de emociones requiere sensibilidad y una comprensión profunda del contexto.

La gestión eficaz de la retroalimentación en línea es fundamental para cualquier estrategia moderna de relaciones públicas, ya que sirve como un puente directo entre la marca y su audiencia. En el próximo capítulo, " **PREVENCIÓN DE CRISIS DIGITALES** ", exploraremos cómo utilizar los conocimientos obtenidos de los comentarios en línea para prevenir posibles crisis, fortaleciendo aún más la resiliencia y la reputación de su marca en el entorno digital.

Al abordar la retroalimentación en línea no como una obligación, sino como una oportunidad de crecimiento y mejora, las marcas y las figuras públicas pueden desarrollar una relación más profunda y significativa con su audiencia. Continúe este viaje con nosotros, mientras revelamos estrategias proactivas para gestionar las crisis digitales y preservar la integridad de su imagen en línea.

PREVENCIÓN DE CRISIS DIGITALES

Prevenir las crisis digitales es un componente esencial para proteger la reputación de las marcas y figuras públicas en línea. Este capítulo ofrece una mirada a cómo identificar riesgos potenciales e implementar estrategias proactivas para evitar que se conviertan en crisis, utilizando conocimientos adquiridos a partir de comentarios en línea y otros análisis de datos.

IDENTIFICAR RIESGOS POTENCIALES

- **Monitoreo continuo** : utilice herramientas de monitoreo para rastrear menciones de marca, tendencias de la industria y discusiones relevantes. Esto le permite identificar posibles señales de advertencia antes de que se conviertan en crisis.

– **Análisis de sentimiento** : emplee el análisis de sentimiento para comprender las emociones detrás de las menciones de su marca. Los picos negativos en el sentimiento pueden indicar problemas emergentes que requieren atención.

- **Comentarios y reseñas** : preste atención a los comentarios de los clientes y a las reseñas de productos o servicios. Las críticas recurrentes en áreas específicas pueden ser indicativas de problemas mayores.

ESTRATEGIAS DE PREVENCIÓN DE CRISIS

- **Plan de crisis** : Desarrollar y mantener un plan de gestión de crisis actualizado, que incluya protocolos de respuesta rápida, lista de contactos de emergencia y plantillas de comunicación.

Comunicación interna : Asegurar que el equipo esté bien informado sobre las políticas y procedimientos de comunicación en caso de crisis. La capacitación regular puede ayudar a preparar a su equipo para responder de manera efectiva.

- **Transparencia proactiva** : Sea transparente sobre desafíos o cambios potencialmente controvertidos. Comunicarse proactivamente sobre estos temas puede ayudar a controlar la narrativa y reducir la probabilidad de malentendidos.

- Compromiso con las partes interesadas : mantener un diálogo abierto con las partes interesadas importantes, incluidos clientes, socios y medios de comunicación. Esto puede ayudar a generar un apoyo sólido que puede ser vital en tiempos de crisis.

- Simulaciones de crisis : realice simulaciones de crisis para probar la eficacia de su plan de gestión de crisis e identificar áreas de mejora.

SUPERAR DESAFÍOS

El desafío para prevenir las crisis digitales radica en la naturaleza impredecible del entorno en línea. La velocidad a la que se puede difundir la información requiere una vigilancia constante y la capacidad de responder rápidamente. Mantenerse informado sobre las tendencias digitales y ajustar proactivamente sus estrategias son pasos cruciales para mitigar el riesgo.

Implementar una estrategia sólida de prevención de crisis no sólo puede salvar la reputación de su marca, sino también reforzar la confianza y lealtad de su audiencia. En el próximo capítulo, " **FORMACIÓN DE PORTAVOZ** ", exploraremos cómo preparar a los portavoces de su marca para comunicar eficazmente el mensaje de su marca, especialmente en tiempos de crisis, garantizando coherencia y claridad en la comunicación.

Adoptar un enfoque proactivo para la gestión de riesgos digitales permite a las marcas y figuras públicas navegar con confianza en el entorno en línea, transformando amenazas potenciales en oportunidades para fortalecer su presencia y reputación digital. Quédese con nosotros en este viaje mientras profundizamos en el desarrollo de habilidades cruciales para una gestión eficaz de crisis.

FORMACIÓN DE PORTAVOZ

La formación de portavoces es un componente clave en la estrategia de comunicación de cualquier marca o figura pública, especialmente crucial en tiempos de crisis. Este capítulo se centra en cómo preparar eficazmente a los portavoces para comunicar el mensaje de su marca de manera coherente y eficaz, garantizando que la comunicación refuerce positivamente su imagen de marca en todas las circunstancias.

LA IMPORTANCIA DE PORTAVOZES BIEN PREPARADOS

Los portavoces son el rostro y la voz de tu marca; Desempeñan un papel vital en cómo el público percibe la marca. Un portavoz bien preparado no sólo puede transmitir el mensaje de la marca de forma clara y convincente, sino que también puede ayudar a la marca a superar las crisis, minimizando el daño potencial a su reputación.

ESTRATEGIAS DE ENTRENAMIENTO DE PORTAVOZ

Selección juiciosa : elija portavoces que no sólo tengan habilidades de comunicación excepcionales, sino que también comprendan profundamente la misión, los valores y las políticas de la marca.

- Formación integral : Proporcionar una formación integral que cubra todo, desde los fundamentos del branding hasta técnicas avanzadas de comunicación y gestión de crisis. Esto debería incluir entrevistas simuladas y escenarios de crisis.

Mensajes clave : Desarrollar y reforzar mensajes clave que reflejen los valores y objetivos de la marca. Asegúrese de que los portavoces estén familiarizados con estos mensajes y puedan incorporarlos de forma natural en la comunicación.

- Respuestas a preguntas difíciles : Prepare a los portavoces para manejar preguntas difíciles proporcionándoles respuestas escritas previamente a preguntas potencialmente complicadas o controvertidas.

- **Actualización y reciclaje** : Mantener a los portavoces actualizados con la última información y tendencias relacionadas con la marca y la industria. Realice sesiones de capacitación con regularidad para actualizar las habilidades y ajustar las estrategias según sea necesario.

SUPERAR DESAFÍOS

Uno de los mayores desafíos en la formación de portavoces es garantizar que sigan siendo auténticos al comunicar mensajes de marca. Incentivar a los portavoces a adaptar los mensajes clave a su propio estilo de comunicación, manteniendo la coherencia con la imagen y los valores de la marca.

Para la eficacia de las estrategias de relaciones públicas es fundamental contar con portavoces bien preparados, capaces de influir positivamente en la percepción del público en momentos críticos. En el próximo capítulo, " **NARRATIVAS MULTICANAL** " , exploraremos cómo integrar mensajes de relaciones públicas a través de múltiples canales digitales y tradicionales para garantizar una comunicación de marca coherente y de base amplia.

La preparación y formación continua de los portavoces refuerza la resiliencia y la credibilidad de la marca, especialmente en tiempos de crisis. Continúe este viaje con nosotros a medida que profundizamos en las estrategias para maximizar el impacto de sus comunicaciones en un ecosistema de medios diverso.

NARRATIVAS
MULTICANAL

En un ecosistema de medios cada vez más fragmentado, adoptar un enfoque multicanal en las estrategias de relaciones públicas es esencial para llegar e involucrar de manera efectiva a su público objetivo. Este capítulo explora cómo sincronizar y adaptar mensajes de relaciones públicas a través de múltiples canales digitales y tradicionales, creando una narrativa cohesiva que refuerza su imagen de marca y amplía su alcance.

LA IMPORTANCIA DE UNA ESTRATEGIA MULTICANAL

La comunicación multicanal permite a las marcas llegar a su audiencia dondequiera que esté, ya sea en las redes sociales, blogs, correo electrónico, medios tradicionales o eventos en vivo. Una estrategia bien ejecutada garantiza que el mensaje de la marca sea coherente en todos los puntos de contacto, pero adaptado para adaptarse a las características específicas de cada canal.

DESARROLLO DE NARRATIVAS MULTICANAL

- **Mapeo de canales** : Identifique qué canales son más relevantes para su audiencia. Esto incluye un análisis de dónde pasa el tiempo su audiencia en línea y qué formatos de contenido prefieren.

- **Mensaje unificado, formatos diversos** : Desarrollar un mensaje central unificado que pueda adaptarse y distribuirse a través de diferentes canales. Cada adaptación debe tener en cuenta el formato y las convenciones del canal específico.

- **Calendario coordinado** : planifique un calendario de lanzamiento que coordine la difusión de mensajes en todos los canales seleccionados. Esto ayuda a generar impulso y reforzar el mensaje mediante la repetición estratégica.

- **Integración de comentarios** : utilice los comentarios recibidos en un canal para informar y ajustar la comunicación en otros. Esto crea un circuito de retroalimentación dinámico que puede aumentar la eficacia general de la campaña.

- **Mida y ajuste** : supervise el rendimiento en todos los canales y prepárese para ajustar su estrategia según sea necesario. Las herramientas de análisis pueden proporcionar información valiosa sobre el alcance y la recepción de su mensaje.

SUPERAR DESAFÍOS

Gestionar la narración multicanal puede resultar un desafío, especialmente cuando se trata de mantener la coherencia del mensaje mientras se adapta a diferentes canales. La comunicación efectiva dentro del equipo y el uso de un calendario editorial compartido son claves para garantizar que todos los miembros estén alineados y que los mensajes sean cohesivos y sincronizados.

Adoptar una estrategia de narración multicanal no sólo amplía el alcance de su mensaje, sino que también refuerza la identidad de su marca a través de una comunicación coherente y personalizada. En el próximo capítulo, "**RRPP Y RESPONSABILIDAD SOCIAL CORPORATIVA (RSC)**", exploraremos cómo alinear sus estrategias de relaciones públicas con iniciativas de RSC para reforzar aún más su imagen de marca positiva.

La implementación de un enfoque multicanal eficaz requiere una planificación cuidadosa, una ejecución precisa y flexibilidad para adaptarse a los cambios en el entorno de los medios. Quédese con nosotros en este viaje mientras exploramos cómo integrar la responsabilidad social corporativa en sus estrategias de relaciones públicas para crear un impacto positivo duradero.

RRPP Y RESPONSABILIDAD SOCIAL CORPORATIVA (RSC)

Integrar la Responsabilidad Social Corporativa (RSC) en las estrategias de relaciones públicas es más que una tendencia: es una necesidad para las marcas que buscan crear un impacto positivo y fortalecer su reputación a largo plazo. Este capítulo explora cómo alinear sus iniciativas de relaciones públicas con los esfuerzos de RSE, destacando cómo esta sinergia puede reforzar la imagen de marca y promover un compromiso significativo con el público y la sociedad en su conjunto.

LA IMPORTANCIA DE LA RSE EN LAS ESTRATEGIAS DE RRPP

La incorporación de la RSE en las estrategias de relaciones públicas no sólo demuestra el compromiso de la marca con las cuestiones sociales, ambientales y de gobernanza, sino que también ayuda a generar confianza y credibilidad entre las partes interesadas. Al comunicar eficazmente las iniciativas de RSE, las marcas pueden resaltar sus valores, diferenciarse en el mercado y fomentar una conexión más profunda con sus audiencias.

ESTRATEGIAS PARA INTEGRAR RSE Y RRPP

- **Identificación de causas alineadas** : Selecciona iniciativas de RSC que estén alineadas con los valores de tu marca y las expectativas de tu audiencia. Esto garantiza autenticidad y relevancia en sus comunicaciones.

Comunicación clara y transparente : Comunica tus acciones de RSC de forma clara y transparente. Utilice historias reales y resultados medibles para demostrar el impacto de sus iniciativas.

Compromiso público : Fomente el compromiso público en sus iniciativas de RSE. Esto podría incluir campañas interactivas, asociaciones con ONG o eventos comunitarios que permitan al público participar activamente.

Asociaciones estratégicas : establezca asociaciones con organizaciones que compartan valores similares y que puedan amplificar sus mensajes de RSE. Esto puede ampliar el alcance y la eficacia de sus iniciativas.

- Seguimiento e informes del progreso : supervise el progreso de sus iniciativas de RSE y comunique ese progreso periódicamente a su audiencia. Los informes de sostenibilidad y las actualizaciones frecuentes pueden ayudar a mantener la transparencia y reforzar el compromiso de la marca.

SUPERAR DESAFÍOS

Uno de los principales desafíos a la hora de integrar la RSE en las estrategias de relaciones públicas es garantizar que las acciones no se perciban como un intento de "lavado verde" o promoción superficial. Para superar esto, es crucial que las iniciativas de RSE sean genuinas, bien planificadas y alineadas con los valores fundamentales de la marca.

La integración exitosa de la RSE y las RR.PP. no sólo beneficia a la sociedad, sino que también refuerza positivamente la reputación de la marca, contribuyendo al éxito a largo plazo. En el próximo capítulo, " **ESTRATEGIAS DE RRPP PARA STARTUPS** ", exploraremos enfoques de relaciones públicas específicos para startups en un entorno digital volátil, enfatizando cómo se pueden incorporar los principios de RSE desde el principio.

Adoptar un enfoque responsable y socialmente consciente de las relaciones públicas es un poderoso diferenciador competitivo que puede impulsar la lealtad del cliente y promover una imagen de marca positiva. Quédese con nosotros en este viaje mientras descubrimos estrategias específicas para que las nuevas empresas atraigan eficazmente a sus audiencias alineándose con prácticas responsables y sostenibles.

ESTRATEGIAS DE RRPP PARA STARTUPS

Las startups operan en un entorno único, caracterizado por cambios rápidos, recursos limitados y la necesidad de destacarse en un mercado competitivo. Integrar estrategias efectivas de relaciones públicas (PR) es crucial para construir su marca, ganar visibilidad y atraer inversiones. Este capítulo aborda enfoques de relaciones públicas específicos para startups, destacando la importancia de incorporar prácticas de Responsabilidad Social Corporativa (RSC) desde el principio.

ENTENDIENDO EL PANORAMA DE RR.PP. PARA STARTUPS

Para las empresas emergentes, las relaciones públicas no se trata sólo de generar cobertura mediática; se trata de contar la historia de su innovación, generar credibilidad y establecer relaciones de confianza con las partes interesadas, incluidos clientes, inversores y la comunidad en general. Las iniciativas de RSE pueden reforzar estos objetivos, demostrando el compromiso de la startup con valores más amplios más allá de las ganancias.

ESTRATEGIAS DE RR.PP. EFECTIVAS PARA STARTUPS

- **Narrativa auténtica** : desarrolle una narrativa sólida y auténtica que capture la esencia de su startup: el problema que resuelve, su misión y lo que la distingue. Las historias que incorporan elementos de RSE pueden resonar más profundamente en el público.

- **Centrarse en las relaciones** : establezca relaciones estratégicas con periodistas, blogueros e influencers que se alineen con el nicho de su startup. Las comunicaciones personalizadas y la oferta de información única pueden aumentar sus posibilidades de obtener una cobertura significativa.

- **Aprovechar las redes sociales** : utilice las redes sociales para amplificar su mensaje, interactuar directamente con el público y mostrar el impacto de sus iniciativas de RSE. Las plataformas sociales ofrecen una forma dinámica y de bajo costo de compartir actualizaciones, historias de éxito y atraer una comunidad en torno a su marca.

- Eventos y asociaciones : participar en eventos, conferencias y seminarios web de la industria puede aumentar la visibilidad de su startup. Asociarse con organizaciones que comparten valores de RSE similares también puede ampliar el alcance de su marca y fortalecer su mensaje.

- Medición y adaptación : Supervise el impacto de sus estrategias de relaciones públicas y ajuste según sea necesario. Las herramientas de análisis digital pueden ayudar a evaluar la participación de la audiencia, el alcance de los medios y el retorno de la inversión en actividades de relaciones públicas.

SUPERAR DESAFÍOS

Uno de los mayores desafíos para las startups es destacarse en un mercado saturado. Centrarse en una historia única, aprovechar nichos específicos y mantener la autenticidad puede ayudar a superar este obstáculo. Además, integrar prácticas de RSE desde el principio puede diferenciar a la startup, atrayendo clientes e inversores que valoren la responsabilidad social.

Para las empresas emergentes, una estrategia de relaciones públicas bien planificada que incluya un fuerte componente de RSE puede ser decisiva para el éxito. En el siguiente capítulo, " **DESARROLLO DE CAMPAÑAS DE RRPP "** , profundizaremos en cómo planificar y ejecutar campañas de relaciones públicas que resuenen tanto en la era digital como en los entornos tradicionales, garantizando que su startup no solo capte la atención sino que también construya un legado duradero.

Adoptar enfoques innovadores de relaciones públicas e incorporar la RSE puede ayudar a las nuevas empresas a construir una marca sólida, establecer credibilidad en el mercado y generar un impacto positivo en la sociedad. Continúe este viaje con nosotros mientras exploramos cómo desarrollar e implementar campañas de relaciones públicas que marquen la diferencia.

DESARROLLO DE CAMPAÑAS DE RRPP

Desarrollar campañas de relaciones públicas (PR) efectivas es crucial para cualquier organización que busque aumentar su visibilidad, construir una reputación positiva e interactuar significativamente con su audiencia. Este capítulo se centra en la planificación y ejecución de campañas de relaciones públicas que alinean las estrategias digitales y tradicionales, maximizando el impacto y logrando objetivos estratégicos a largo plazo.

PLANIFICACIÓN DE CAMPAÑAS DE RRPP

La planificación eficaz es la columna vertebral de cualquier campaña de relaciones públicas exitosa. Implica definir claramente los objetivos, identificar el público objetivo, crear mensajes clave y elegir los canales de comunicación más adecuados para alcanzar tus objetivos.

- **Establecer objetivos** : establezca lo que la campaña pretende lograr, ya sea aumentos en la visibilidad de la marca, mejoras en la reputación o una mayor participación de la audiencia.

Identificación del público objetivo : comprenda a quién intenta llegar con su campaña. Una comprensión clara de su audiencia le permite crear mensajes que resuenan y elegir los canales de comunicación más efectivos.

mensajes clave : Crea mensajes claros e impactantes que comuniquen efectivamente el valor de tu marca o iniciativa. Los mensajes deben ser adaptables a diferentes canales, pero coherentes en esencia.

- **Selección de canales** : Determinar los canales de comunicación que se utilizarán, desde redes sociales y blogs hasta medios tradicionales y eventos. La selección debe reflejar dónde consume información su público objetivo.

EJECUTAR CAMPAÑAS DE RRPP

Realizar una campaña de relaciones públicas implica coordinar la distribución de sus mensajes en canales seleccionados, monitorear continuamente el desempeño y adaptar las estrategias según sea necesario.

- **Lanzamiento coordinado** : asegúrese de que todos los elementos de la campaña se lancen de manera coordinada y oportuna para maximizar el impacto.

- **Compromiso e interacción** : Mantente comprometido con tu audiencia durante la campaña, respondiendo a los comentarios y adaptando tu comunicación según la reacción del público.

- **Monitoreo y evaluación** : utilice herramientas de análisis para monitorear el rendimiento de la campaña en tiempo real, lo que permite realizar ajustes rápidos para optimizar los resultados.

MEDICIÓN DEL ÉXITO

La evaluación del éxito de una campaña de relaciones públicas debe basarse en los objetivos iniciales establecidos. Métricas como la cobertura de los medios, la participación en las redes sociales, el aumento del tráfico del sitio web y los cambios en la percepción de la marca pueden proporcionar información valiosa sobre el impacto de la campaña.

Desarrollar y ejecutar campañas de relaciones públicas exitosas requiere una planificación cuidadosa, una ejecución hábil y la capacidad de adaptarse rápidamente a los cambios en el entorno de los medios. En el próximo capítulo, " **EL FUTURO DE LAS RELACIONES PÚBLICAS DIGITALES"** , exploraremos las tendencias emergentes y las proyecciones sobre cómo las estrategias de relaciones públicas seguirán evolucionando en el futuro digital.

Las campañas de relaciones públicas bien planificadas y ejecutadas pueden transformar significativamente la visibilidad y reputación de una marca. Continúe este viaje con nosotros mientras miramos hacia el futuro y anticipamos cómo adaptar e innovar las estrategias de relaciones públicas para seguir siendo relevantes e impactantes en el panorama digital en constante cambio.

EL FUTURO DE LAS RELACIONES PÚBLICAS DIGITALES

A medida que avanzamos hacia un futuro cada vez más digitalizado, las relaciones públicas enfrentan transformaciones significativas, impulsadas por la innovación tecnológica, los cambios en los hábitos de consumo de medios y la creciente demanda de transparencia y autenticidad. Este capítulo explora las tendencias emergentes y las proyecciones sobre cómo las estrategias de relaciones públicas pueden evolucionar, adaptándose para seguir creando un impacto significativo.

TENDENCIAS EMERGENTES EN RRPP DIGITALES

- Inteligencia artificial y automatización : la IA seguirá remodelando las relaciones públicas, ofreciendo nuevas herramientas para la personalización de contenidos, análisis predictivos y monitoreo en tiempo real, permitiendo campañas más específicas y eficientes.

Realidad aumentada y virtual : las tecnologías inmersivas ofrecen nuevas formas de atraer al público, desde experiencias de marca hasta simulaciones que permiten al público "experimentar" productos o servicios antes del lanzamiento.

Plataformas de comunicación y mensajería directa : La comunicación directa con el público a través de plataformas de mensajería y aplicaciones sociales ganará aún más relevancia, exigiendo un enfoque más personalizado y conversacional de las relaciones públicas.

- Ética y transparencia : en un entorno digital donde la confianza puede verse fácilmente socavada, el énfasis en las prácticas éticas y transparentes será aún más crítico, y las marcas serán responsables de sus acciones y comunicaciones.

- Sostenibilidad y responsabilidad social : La demanda de prácticas sostenibles y responsabilidad social corporativa seguirá creciendo, y la RSE se convertirá en un componente integral de las estrategias de relaciones públicas.

PREPARARSE PARA EL FUTURO

Para navegar con éxito en este futuro dinámico, las marcas necesitarán:

- **Adopte tecnologías emergentes** : manténgase actualizado sobre las últimas innovaciones y prepárese para integrarlas en sus estrategias de relaciones públicas.

- **Centrarse en la autenticidad** : cultive una voz de marca auténtica y asegúrese de que todas las comunicaciones reflejen sus verdaderos valores.

- **Priorizar la participación de la audiencia** : desarrolle estrategias que promuevan una participación significativa, utilizando datos y comentarios para personalizar las interacciones.

- **Fortalecer la flexibilidad y la resiliencia** : estar preparados para adaptar rápidamente las estrategias en respuesta a los cambios en el entorno digital y las expectativas del público.

Las relaciones públicas digitales están en la cúspide de una era de innovación sin precedentes, donde la creatividad, la tecnología y la ética se entrelazan para definir la próxima generación de comunicaciones de marca. Mientras concluimos esta guía completa sobre la evolución de las relaciones públicas en la era digital, es importante reflexionar sobre las transformaciones que continúan remodelando el campo de las relaciones públicas y cómo los profesionales, las marcas y las figuras públicas pueden adaptarse y prosperar en este mundo cada vez más complejo. paisaje cambiante.

LA IMPORTANCIA DE LA ADAPTACIÓN CONTINUA

Si hay un tema recurrente en este libro es la necesidad de una adaptación continua. El mundo digital evoluciona constantemente, al igual que las expectativas del público. Los profesionales de relaciones públicas deben permanecer ágiles, dispuestos a aprender y adaptarse a nuevas tecnologías, tendencias y comportamientos de la audiencia para mantener sus estrategias efectivas y relevantes.

IMPLEMENTACIÓN DE LAS ESTRATEGIAS DISCUTADAS

Alentamos a los lectores a implementar las estrategias analizadas en este libro en sus prácticas de relaciones públicas. Esto incluye no sólo la adopción de herramientas y tecnologías emergentes, sino también el cultivo de una cultura de transparencia, autenticidad y responsabilidad social, elementos cruciales para generar y mantener la confianza pública en la era digital.

MIRANDO HACIA EL FUTURO

El futuro de las relaciones públicas digitales es brillante y está lleno de oportunidades para quienes adoptan el cambio. A medida que continuamos navegando en las olas de la innovación digital, recuerde que el corazón de las relaciones públicas sigue siendo el mismo: construir y mantener relaciones positivas. Las herramientas y plataformas pueden cambiar, pero la esencia de conectarse de manera significativa con su audiencia siempre estará en el corazón de unas relaciones públicas efectivas.

Este libro es sólo el comienzo de su viaje. El campo de las relaciones públicas seguirá evolucionando y esperamos que las estrategias y los conocimientos compartidos aquí sirvan como una guía confiable a medida que explora el dinámico mundo de las relaciones públicas digitales. Sé curioso, sé audaz y, sobre todo, prepárate para adaptarte e innovar.

Gracias por acompañarnos en este viaje a través de la Oficina de Prensa 3.0. Juntos, continuaremos dando forma al futuro de las relaciones públicas digitales creando conexiones auténticas, construyendo reputaciones resilientes y generando un impacto positivo en el mundo digital.

Al pasar juntos la página final de este viaje, espero sinceramente que los aprendizajes compartidos aquí hayan tocado su corazón y hayan generado nuevas perspectivas. Si este libro le ha aportado algún valor, le pido que se tome unos minutos para dejar una reseña en Amazon. Tus palabras no sólo me ayudan a crecer y perfeccionar mi oficio, sino que también guían a otros lectores en su búsqueda de conocimiento e inspiración. Tu opinión es un regalo valioso, tanto para mí como para la comunidad de lectores que buscan historias que transformen. Sinceramente les agradezco por compartir este viaje conmigo y espero que podamos volver a encontrarnos en las páginas de una nueva aventura.

REGINALDO OSNILDO

Hola, soy Reginaldo Osnildo, autor e innovador en las áreas de ventas, tecnología y estrategias de comunicación. Mi experiencia abarca desde el ámbito académico, como profesor e investigador de la Universidad del Sur de Santa Catarina, hasta ejercer como estratega en el Grupo Catarinense de Rádios. Con un doctorado en narrativas de ventas y convergencia digital, una maestría en narración de historias e imaginario social, ofrezco a mis lectores una fusión única de teoría y práctica. Mi objetivo es aportar conocimientos en un lenguaje sencillo, práctico y didáctico, fomentando su aplicación directa en la vida personal y profesional.

Tuyo sinceramente

Reginaldo Osnildo

+55 48 991913865

reginaldoosnildo@gmail.com

www.ingramcontent.com/pod-product-compliance
Lightning Source LLC
Chambersburg PA
CBHW070114230526
45472CB00004B/1246